Der dritte Weltkrieg kommt!

Ruben Stein
Der dritte Weltkrieg kommt!
– Die Prophezeiungen der Maria S. –

Bibliografische Information der Deutschen Nationalbibliothek
Die Deutsche Nationalbibliothek verzeichnet diese Publikation in der
Deutschen Nationalbibliografie; detaillierte bibliografische Daten sind im
Internet über http://dnb.dnb.de abrufbar.

© 2015 Ruben Stein
Satz, Umschlaggestaltung, Herstellung und Verlag:
BoD – Books on Demand
ISBN 978-3-7392-9063-8

Inhalt

Vorwort	7
Der Fahrplan nach Alois Irlmaier	10
Die drei Phasen nach Maria S.	13
Die Zeit vor dem globalen Bankenkrach	15
Der globale Bankenkrach	23
Die Folgen für Deutschland: Hunger und Revolution	24
Die Auflösung der Türkei	29
Ein neuer Krieg im Nahen Osten	35
Der Russenüberfall	38
Die Dreitägige Finsternis	45
Monarchie und Goldstandard	47
Das Schicksal der Kirche	53
Überlebensstrategien	55

Vorwort

Um mit dem Wichtigsten zu beginnen – ich bin selbst kein Seher. Aber seit ungefähr vier Jahren bin ich mit einer Dame befreundet, auf die die Bezeichnung »Seherin« im besten Sinne des Wortes zutrifft. Sie heißt Maria, ist sechsunddreißig Jahre alt und römisch-katholisch. Da es ihr ausdrücklicher Wunsch ist, nicht mehr Informationen über ihre Person zu enthüllen, werde ich das auch respektieren.

Um die Brisanz ihrer Schauungen zu veranschaulichen, weise ich gleich zu Beginn darauf hin, dass ich durchaus zwischen einer telepathisch veranlagten Person, einem Medium und einem echten Seher unterscheiden kann. Telepathisch veranlagte Menschen gibt es zuhauf. Sie haben eine stark ausgeprägte Intuition und liegen mit der Einschätzung einer bestimmten psychologischen Situation auch häufig richtig. Medien stehen mit Toten oder mit Dämonen in Kontakt – ihre Voraussagen können mal richtig, mal falsch sein. Aber nur ein echter Seher – und davon gibt es nur ganz wenige – bekommt seine Schauungen unmittelbar von Gott.

Und um Letzteres handelt es sich bei Maria. Ich bin allein schon deshalb von der Echtheit ihrer Schauungen überzeugt, weil diese sich weitestgehend mit den Schauungen Alois Irlmaiers und anderer berühmter europäischer Seher decken und Maria diese bis vor kurzem weder kannte noch sich sonst wie irgendwann näher mit Prophezeiungen beschäftigt hat.

Als ich Maria im Juni 2011 kennenlernte, wäre ich nicht im Traum darauf gekommen, jemals ein Buch über ihre Schauungen zu schreiben. Außerdem erzählte sie mir erst relativ spät von ihren Visionen. In den ersten Jahren unserer Freundschaft gab es zwar immer kleinere Voraussagen von ihr, aber diese betrafen fast ausschließlich meinen familiären und beruflichen Bereich. Hellhörig wurde ich erst, als diese Voraussagen nahezu lückenlos eintrafen.

Es war im Jahre 2012 oder 2013, als sie mir plötzlich riet, Gold zu kaufen. Gold war nun wirklich das Letzte, für das ich mich damals hätte erwärmen können, und so fragte ich sie, warum. »Weil sein Wert in wenigen Jahren sehr stark steigen wird und du es noch mal brauchen wirst.« Ich war äußerst skeptisch, ließ mich schließlich aber doch auf eine Diskussion mit ihr ein. Und als ich mir dann irgendwann wirklich etwas Gold zulegen wollte, sagte sie sinngemäß: *Warte noch bis zu diesem oder jenem Monat. Da geht Gold noch mal richtig runter.* Und rückblickend kam es dann auch wirklich so. Das heißt, Maria sah damals den Goldchart!

Auf das Thema Gold werde ich jetzt aber nicht weiter eingehen, da es in einem späteren Kapitel noch behandelt wird. Wichtiger ist mir, jetzt gleich zu Beginn dieser kleinen Abhandlung über Marias Schauungen klarzustellen, in welchem Kontext sie mich bat Gold zu kaufen. Dieser Kontext ist nun wahrlich kein angenehmer. Und wenn jemand zart besaitet ist, sollte er an dieser Stelle nicht weiterlesen, denn mit seiner Seelenruhe ist es bald vorbei. Auf die kürzeste aller Formeln gebracht, lautet Marias Zukunftsschau in ihren eigenen Worten: »**Zuerst krachen die Banken, dann kommt der Hunger, dann kommt der Krieg.**«

Diesen Satz knallte sie mir zum ersten Mal im Jahre 2014 um die Ohren. Lange vorher jedoch, im September 2013, schilderte sie mir eine andere Vision, die sie über die Türkei hatte und die noch zur Regierungszeit Erdogans wahr werden soll: »**Die Türkei wird explodieren.**«

Und wenn Sie zwischen diesen beiden Aussagen keinen Zusammenhang erkennen, dann geht es Ihnen jetzt ähnlich wie mir seinerzeit. Aber seien Sie beruhigt: Alles klärt sich auf.

Eines darf ich Ihnen aber jetzt schon verraten. Nach der Lektüre dieser kleinen Schrift werden Sie nicht mehr derselbe sein. Sie werden dann wissen, dass die geschauten Ereignisse nicht mehr in weiter Ferne liegen, sondern unmittelbar bevorstehen. Denn wenngleich sich die Schauungen Marias mit denen Alois Irlmaiers in vielen Punkten decken – in einem unterscheiden sie sich: Maria nennt konkrete Jahreszahlen.

Der Fahrplan nach Alois Irlmaier

Unbestritten war der oberbayrische Seher Alois Irlmaier (1894 – 1959) einer der größten europäischen Seher – für *mich*, muss ich ehrlicherweise ergänzen, denn mein Überblick über die Prophezeiungsliteratur ist nicht umfassend, und der eine oder andere »Fachmann« ist da möglicherweise ganz anderer Ansicht. Aber das ist mir egal. Ich gehe nach meinem gesunden Menschenverstand. Und nach allem, was ich bisher von und über Irlmaier gelesen habe, sage ich: Dieser Brunnenbauer aus Freilassing war ein einziges Wunder, denn mit seinen Schauungen lag er meistens bis ins Detail richtig. Sehr zu empfehlen ist das Buch von Stephan Berndt: »*Alois Irlmaier – Ein Mann sagt, was er sieht*«.

Für das ganz große Szenario hat uns Irlmaier einen »Fahrplan« hinterlassen. Dieser Fahrplan stammt aus den Fünfzigerjahren des letzten Jahrhunderts und umfasst sieben einzelne Etappen:

1. Zuerst kommt ein Wohlstand wie noch nie
2. Dann folgt ein Glaubensabfall wie noch nie zuvor.
3. Darauf eine Sittenverderbnis wie noch nie.
4. Alsdann kommt eine große Zahl fremder Leute ins Land.
5. Es herrscht eine große Inflation. Das Geld verliert mehr und mehr an Wert.
6. Bald darauf folgt die Revolution.
7. Dann überfallen die Russen über Nacht den Westen.

Nicht ausdrücklich erwähnt zu werden braucht, dass wir hier ein visionäres Relief vor Augen haben, das sich über sieben Jahrzehnte erstreckt. Des Weiteren erkennen wir, dass wir es hier sowohl mit zeitlich nur grob bestimmbaren »Phasen« als auch mit konkreten »Ereignissen« zu tun haben.

Für die noch nicht eingetretenen »Ereignisse« nennt uns Irlmaier keine Jahreszahl, aber die bereits eingetretenen »Phasen« können wir zeitlich durchaus näher bestimmen.

1. Zuerst kommt ein Wohlstand wie noch nie = *beginnend mit den Fünfzigerjahren*
2. Dann folgt ein Glaubensabfall wie noch nie zuvor = *beginnend mit den Sechzigerjahren*
3. Darauf eine Sittenverderbnis wie noch nie = *beginnend mit den Siebzigerjahren*
4. Alsdann kommt eine große Zahl fremder Leute ins Land = *damit sind wir in der Gegenwart.*

Einwanderungswellen nach Deutschland gab es eigentlich schon immer. Und dass wir Zuwanderung brauchen, ist vordergründig auch erst mal richtig: Wenn hundert Deutsche nur siebzig Kinder bekommen und diese siebzig wiederum nur fünfzig, dann kann man sich die Folgen für das Rentensystem leicht ausmalen. Man muss allerdings hinzufügen, dass diese vermeintliche Logik nur für das jetzige System des Sozialstaats gilt. Nach dem Hungerkrieg, dem Russenüberfall und der Dreitägigen Finsternis haben wir es in Deutschland mit einer dermaßen stark geschrumpften Bevölkerung zu tun, dass völlig neue Spielregeln gefunden werden müssen. Ein Rentensystem alter Prägung wird es dann mit Sicherheit nicht mehr geben.

Die Einwanderungswellen der Vergangenheit waren nichts im Vergleich mit dem aktuellen Zustrom von echten Asylsuchenden, Scheinasylanten und Wirtschaftsflüchtlingen, was im Zusammenwirken mit der Eurokrise auf eine Destabilisierung Deutschlands und Europas hinauslaufen könnte. Unabhängig von der auf unserem jüdisch-christlichen Menschenbild beruhenden Verpflichtung, Notleidenden beizustehen, gibt es ein Problem: Die Asylanten bringen natürlich ihre jeweilige Kultur mit – und zwar eine Kultur, die bei ihnen zu Hause zu eben jenen Zuständen geführt hat, vor denen sie geflüchtet sind. Überdies gehen

Experten davon aus, dass nur ein Bruchteil der fremden Leute auch tatsächlich asylbedürftig ist. Größere Probleme werden die bunten Fremdlinge aber erst in späteren Jahren machen.

Da sich die vier ersten Irlmaier-Phasen also exakt erfüllt haben, sehe ich momentan keinen Grund, den Eintritt der drei noch ausstehenden Phasen bzw. Ereignisse anzuzweifeln, zumal verschiedene aktuelle Entwicklungen in der Welt ihren unheilvollen Schatten bereits voraus werfen.

5. Es herrscht eine große Inflation. Das Geld verliert mehr und mehr an Wert.
6. Bald darauf folgt die Revolution.
7. Dann überfallen die Russen über Nacht den Westen.

Diesen drei verbliebenen Punkten in Irlmaiers Fahrplan möchte ich nun Marias drei Phasen gegenüberstellen.

Die drei Phasen nach Maria S.

Wie bereits im Vorwort erwähnt, lautet die kürzeste Formel, auf die sich Marias Schauungen bringen lassen:

- **Zuerst krachen die Banken**
- **Dann kommt der Hunger**
- **Dann kommt der Krieg.**

Der Unterschied zu anderen Sehern liegt aber darin, dass Maria **konkrete Zeiträume** nennt. Und um nun Ihrer berechtigten Skepsis gleich entgegenzutreten: Ich kenne Maria seit nun vier Jahren, kann mir also ein halbwegs belastbares Urteil über die Qualität ihrer bisherigen Schauungen erlauben. Und ich versichere Ihnen: Wann immer Maria mir einen konkreten Zeitraum (Woche, Monat, Jahr) genannt hat, traf dieses Ereignis zur angekündigten Zeit ein. Aber wenn es Ereignisse gibt, bei denen sie keine konkrete Jahreszahl sieht – z.B. beim **Bürgerkrieg in der Türkei** –, dann sagt sie das auch (»**Da ist eine dunkle Blockade**«) und erfindet kein Datum, nur um meine Neugier zu stillen.

Aber um *Ihre* Neugier zu stillen und weil diese Schrift nur kurz werden soll, werde ich Ihnen bereits an dieser Stelle die Jahreszahlen nennen und das Gesamtszenario erst später entwickeln.

1. Der **Zusammenbruch des globalen Finanzsystems** (**Systemcrash**) erfolgt im **Herbst 2019**

2. Daraufhin brechen allmählich **Hunger** und **bürgerkriegsähnliche Unruhen** aus. Im **Frühsommer 2022** kommt es in Deutschland schließlich zu einer **Revolution**

3. Noch während der revolutionären Wirren überfällt **Russland im Hochsommer 2022** Deutschland. Es herrscht **Krieg**.

Dies ist in aller Kürze das Grobrelief. Aber bevor wir ins Detail gehen, möchte ich noch ein paar Worte über die Zeit *vor* dem Systemcrash verlieren.

Die Zeit vor dem globalen Bankenkrach

Was die Zeit *vor* dem globalen Bankenkrach (Systemcrash) betrifft – also die verbleibenden Monate des Jahres 2015 bis zum Herbst 2019 – sieht Maria im Wesentlichen zwei Dinge: Die aus Afrika eingeschleppten **Seuchen** sowie steigende **Steuern und Abgaben**. Wenn wir jetzt mal den Irlmaier-Fahrplan daneben legen, so entspricht dieser Zeitraum Irlmaiers Etappe 5: **»Es herrscht eine große Inflation. Das Geld verliert mehr und mehr an Wert«.**

Maria sagt, dass uns das Thema **Seuchen** noch über Jahre hin beschäftigen wird und zum Zeitpunkt des Russenangriffs im Hochsommer 2022 immer noch aktuell ist. Als Hauptursache für die langsame Durchseuchung Europas identifiziert sie die Asylanten aus Afrika. Laut Maria grassieren die Seuchen jetzt schon, aber um die Bevölkerung nicht zu verunsichern, wird dies von offizieller Seite totgeschwiegen.

Der zweite Punkt betrifft die **Steuern und Abgaben**. Die Bundesregierung, die auf die Regierung Merkel folgen wird, wird die Steuern und Abgaben in Deutschland in einem Maße erhöhen, dass uns noch schwarz vor Augen wird.

Darüber hinaus sieht Maria, dass die Lebensmittelpreise rasant ansteigen werden, die Medikamentenzuzahlung erhöht wird, die Hartz-IV-Regelungen verschärft werden und die Mehrwertsteuer erhöht wird.

In diesem Zusammenhang ist eine Prophezeiung von Interesse, die von einer alten **Flüchtlingsfrau aus Böhmen** stammen soll, die diese wiederum von ihrem Vater hatte. Und die Zeile, um die es mir hier geht, steht in einem Kontext, der fast keinen Zweifel daran lässt, dass die Jahre *vor* dem Russenangriff gemeint sind. Diese Zeile lautet:

»... und Deutschland wird von einem **Stiernacken** regiert werden.«

Bei »Stiernacken« denke ich sofort an Oskar Lafontaine, Sigmar Gabriel, Andrea Nahles und Olaf Scholz.

Andrea Nahles können wir in diesem Kontext vergessen, da Maria klipp und klar sagt, dass der Nachfolger von Angela Merkel **»auf jeden Fall ein Mann«** sein wird. Und da Oskar Lafontaine sich aus der Bundespolitik zurückgezogen hat, bleiben nur noch Sigmar Gabriel und Olaf Scholz übrig.

Klar, Gabriels Umfragewerte sind aktuell (Juni 2015) ziemlich desaströs. Aber das heißt nichts. Wie schnell kann sich das ändern. Haben wir ja zum Beispiel bei der FDP gesehen. Es kann natürlich genauso gut sein, dass es vollkommen egal ist, wie seine Umfragewerte sind, weil er – durch welche Umstände auch immer – einfach vom Vizekanzler um Kanzler aufrückt.

Und Olaf Scholz ist allein schon deshalb ein ganz heißer Kandidat für das Amt des Bundeskanzlers, weil er die Inkarnation des sozialistischen Allmachtstaates ist. Erinnert sei hier nur an seine Äußerung von Ende 2002, die SPD müsse durch eine entsprechende Kinder- und Familienpolitik, insbesondere durch den Ausbau der Kindertagesbetreuung, **»die Lufthoheit über die Kinderbetten erobern«** – eine Äußerung, die Kardinal Karl Lehmann seinerzeit als »rücksichtslos und zynisch« gegenüber Familien gewertet hatte.

Da ich selbst keinerlei seherische Fähigkeiten besitze, zeigte ich Maria ein Foto der beiden Kandidaten. Zu Sigmar Gabriel sagte sie bloß: »Nein.« Und zu Olaf Scholz: »**Der wird es. Aber das ist noch nicht endgültig entschieden.**«

Wenn er es aber doch werden sollte, dann bestimmt als Kanzler einer rot-rot-grünen Koalition.

Fakt ist, dass **der Mann, der auf Angela Merkel folgt**, derjenige ist, der uns Deutsche **»richtig abziehen wird«**.

Und was »richtig abziehen« bedeutet, können wir exemplarisch an Griechenland und Zypern sehen. Teile der privaten Sparguthaben werden von staatlicher Seite einfach beschlagnahmt.

Beim Stichwort Merkel erinnere ich mich, dass sie wenige Monate vor ihrer Wahl zur Bundeskanzlerin im Herbst 2005 im Mai 2005 am jährlichen Treffen der sogenannten Bilderberger teilgenommen hat. Was dort besprochen und vereinbart wurde, werden wir zwar nie erfahren, aber ich könnte mir gut vorstellen, dass es die Bilderberger waren, die sie unbedingt im Amt der Bundeskanzlerin sehen wollten und deshalb den damals noch amtierenden Kanzler Schröder zu Neuwahlen drängten. Die Eliten erkannten damals wahrscheinlich ganz klar, was auf Deutschland in den nächsten zehn Jahren zukommen würde. Einem Schröder oder einem Kohl traute man das einfach nicht zu. Da musste schon eine Mutti her, die das Volk zur gegebenen Zeit in die notwendige Trance versetzen würde.

Und als dann mit dem Lehman Crash im September 2008 auch breitere Volksschichten erkannten, welche Bombe über unser aller Köpfe tickt, erwarteten die Finanzeliten von Merkel im Grunde nur zwei Dinge: Die Rettung des Euro und die Rettung der EU.

Ob Merkels geistiger Erguss »Der Islam gehört zu Deutschland« ebenfalls auf das Konto einer höheren Befehlsebene geht, wissen wir nicht. Seltsam ist das allemal, zumal Merkel als promovierte Physikerin natürlich ganz genau weiß, dass der Islam noch nie zu Deutschland gehört hat. Und – zumindest geht das klar aus der europäischen Prophetie hervor – auch niemals gehören wird. Ich weiß, dass viele Menschen in Europa die »Zwangsislamisierung« ihres Vaterlandes fürchten, aber wenn man Maria Glauben schenken darf, wird das nicht passieren. Maria sagt ganz klar: »**Das wird nicht passieren. Die Probleme in Europa werden derart es-**

kalieren, dass nur noch das Überleben zählt.« Wobei sie mir an anderer Stelle auch sagte: »**Der Krieg Moslems gegen Christen hat noch gar nicht richtig angefangen.**« Diese Aussage bezieht sich angeblich auf die ganze Welt.

Es stimmt zwar, dass sich viele Bundesbürger sowohl über die stark wachsende Zahl der Muslime als auch über die Zukunft ihres Geldes große Sorgen machen. Aber die Tatsache, dass sowohl PEGIDA als auch die AFD starke Auflösungstendenzen zeigen, bestätigt eigentlich, dass der Lauf der Geschichte in eine andere Richtung weist, nämlich zunächst in eine sozialistische Diktatur, »*die zu Ende gedachte Tyrannei der Geringsten und Dümmsten*« (Nietzsche), und danach in den vollständigen Systemabbruch.

Das Motto von Merkels Nachfolger wird deshalb lauten: »Abziehen! Abziehen! Abziehen!« Und zwar den deutschen Steuerzahler.

Dafür muss dem deutschen Michel natürlich etwas als Gegenleistung – quasi zur Besänftigung seiner Wut – angeboten werden. Ich rechne zwar nicht damit, dass der neue Bundeskanzler lauthals »Ausländer raus!« rufen wird, aber etwas in der Art wie »Der Islam gehört *nicht* zu Deutschland« könnte ich mir schon vorstellen. In irgendeinem Punkt muss er sich ja von Merkel unterscheiden, und damit meine ich nicht das Geschlecht. Das ist ähnlich wie bei dem Schauspiel Bush/Obama. Die Finanzeliten, die beide Präsidenten ins Amt gehievt haben, wussten, dass man beim Bush-Nachfolger einfach nur ein paar typische Bush-Attribute ins genaue Gegenteil verändern musste, um das amerikanische Volk glauben zu machen, die amerikanische Politik würde sich unter einem neuen Präsidenten substantiell ändern. Mit Präsident Bush verband man »alt, weiß, evangelikaler Christ und einen relativ überschaubaren Bildungshorizont«. Demzufolge hatte die Folgemarionette »jung, farbig, Moslem und hochintelligent« zu sein. Konkret geändert hat sich aber nichts. Die Politik blieb dieselbe – nämlich jene, die von den Eliten diktiert wird. Früher sprach man vom »militärisch-industriellen Komplex«, heute heißt es »Finanzelite«.

Doch zurück zu der Politik, die uns in den nächsten Jahren erwartet – der Politik eines sterbenden Systems. Mit zunehmender Intensität eilen die Politiker nun von Krisengipfel zu Krisengipfel, um etwas zu retten, was man gar nicht mehr retten *kann* – eben weil der Fehler systemimmanent ist. Ich spreche von unserem Geldsystem. Und weil es keine Macht gibt, die jetzt noch in der Lage wäre, das Problem bei der Wurzel zu packen, wirft die Politik verzweifelt mit Nebelkerzen um sich und eröffnet ständig neue Nebenkriegsschauplätze. Der brutale gesellschaftliche Linksruck ist eine solche Nebelkerze.

Sterbende Systeme drehen vor ihrem Untergang noch einmal richtig auf. So wird mit einer möglichen rot-rot-grünen Machtübernahme denn auch alles, was bürgerlich-konservativ und liberal daherkommt, noch stärker als bisher als »rechtspopulistisch« oder sogar als »rechtsradikal« diskreditiert werden. All das, was ein geistig gesunder Mensch instinktiv als gesunde Werteordnung empfindet, wird dann automatisch als »rechts« verunglimpft. Das heißt, das System präsentiert sich dann mehr oder weniger offen als linke Diktatur. Das war natürlich früher nicht so. Die Zeit von 1949 bis 1998 kann durchaus als demokratisch bezeichnet werden. Außerdem hatten wir in diesem Zeitraum so etwas wie soziale Marktwirtschaft. Formal leben wir auch jetzt in einer Demokratie, aber seit der Jahrtausendwende leider auch unter der Knute einer Finanzmafia und eines fast ausnahmslos linken Medien- und Meinungskartells. Und dieses linke Meinungskartell arbeitet ganz offensichtlich auf die radikale Zerstörung unserer jüdisch-christlichen Werteordnung hin.

Aber wenn Sie mal wirklich über die Zusammenhänge nachdenken, werden Sie erkennen, dass das alles die Folge unseres Geldsystems ist.

Auf den Trichter, dass mit unserem System etwas Grundsätzliches nicht stimmen kann, kommen täglich mehr Menschen. Durch die Medien erfahren sie, dass Schäubles Steuereinnahmen von Monat zu Monat steigen, also eigentlich genügend Geld für die Erfüllung der grundlegenden Aufgaben eines Staates zur Verfügung stehen müsste. Andererseits wissen sie, dass trotz explodierender Ausländerkriminalität die Polizei kaputtgespart, die Bundeswehr zur Lachnummer verkommen und das Straßennetz marode ist. Des Weiteren wissen sie, dass es in deutschen Schulen durch die Decke regnet und ständig mehr Museen, Schwimmbäder und andere kulturelle Einrichtungen schließen.

Wofür wird also unser Geld verplempert?, fragen sich immer mehr Menschen.

Das kann ich Ihnen sagen: Für den Sozialismus! Konkret: Für den ausufernden Beamtenstaat, für die Rettung der Banken, für die Rettung des Euro, für das Bürokratiemonster EU und nicht zuletzt für die zugewanderten bildungsfernen Bevölkerungsschichten. Laut einer Studie, die in der FAZ veröffentlicht wurde, haben Zuwanderer den deutschen Sozialsystemen schon über eine Billion Euro mehr entnommen als sie in diese eingezahlt haben.

Aber da gibt es noch einen interessanten Punkt, was Maria uns über Deutschlands nahe Zukunft sagt. Für das **Jahr 2017** sieht sie bei uns einen »strengen Herrscher« an der Macht, »**der viele Ausländer abschieben wird**«. Sollte das wirklich der »Stiernacken« sein? Wir werden ja sehen. Nach zwanzig Jahren ungezügelter Zuwanderung wäre das vielleicht der erste Versuch einer Trendwende.

Aber mal ehrlich: So wie augenblicklich kann es in Deutschland unmöglich weitergehen. Ausländerbanden führen schon seit langem Kriege untereinander und terrorisieren Einheimische. Deutsche Bahnhöfe sind inzwischen für jeden Menschen die Gefahrenzone Nummer Eins.

Insider sagen einem ganz klar, dass über neunzig Prozent aller Gefängnisinsassen Ausländer sind, aber unsere Politiker waren nun mal so blöd, vielen dieser Verbrecher die deutsche Staatsangehörigkeit zu geben, sodass sie in der Kriminalitätsstatistik als Deutsche erscheinen. Tausende von Straftaten dürfen erst gar nicht in die Mainstream-Medien gelangen. Und wenn doch, dann darf weder der Name noch die Ethnie genannt werden, denn das wäre ja politisch nicht korrekt. Dann wird aus einem Mehmet auch schnell mal ein Sven. Wenn es aber tatsächlich mal ein Gewaltverbrechen gibt, das von einem echten Deutschen begangen wurde, dann muss darüber tage-, wenn nicht sogar wochenlang in den Medien berichtet werden. Hier wird also de facto eine Lügenwelt aufgebaut, unter der das deutsche Volk unvorstellbar leidet. Die Polizei weiß natürlich ganz genau was Sache ist. Sie leidet schließlich ebenfalls unter der Verlogenheit des Systems. Deshalb werden unsere Polizeibeamten auch, sobald sie nach dem Systemcrash kein Gehalt mehr beziehen, mit wehenden Fahnen dem Staat Tschüss sagen und erst mal zusehen, dass sie ihre eigenen Familien über Wasser halten.

Ergänzenderweise muss gesagt werden, dass auch der bayrische Seher Mühlhiasl (um 1820) Marias Schauung teilt: »*Viele neue Gesetze werden gemacht, doch nimmer ausgeführt. Ein gar strenger Herr wird kommen und den armen Leuten die Haut abziehen. Der wird auch nicht lange regieren, denn wenn alles das eingetroffen ist, dann kommt das große Abräumen.*«

Bemerkenswert ist die Formulierung »**den armen Leuten die Haut abziehen**«. Ja, wem auch sonst? Den Konzernen bestimmt nicht. Finanzinsider gehen davon aus, dass Großkonzerne pro Jahr etwa 1 Billion Euro am Fiskus vorbeischleusen. Der Staat hat keinerlei Macht über diese Strukturen, muss sich das Geld also vom kleinen Mann holen, also von den Handwerkern und Kleinunternehmern, denen die Steuertricks der Konzerne selbstverständlich verwehrt sind.

In der Endphase eines sozialistischen Systems – quasi als allerletzte Heimsuchung – kommt dann bekanntlich der »Volkssturm«. Alois Irlmaier soll diesbezüglich von den »*drei Raubrittern*« gesprochen haben. Auf die Frage, was er damit meine, sagte er: »*Das Finanzamt, die Banken und die Versicherungen.*« Und wenn diese letzte Systemphase abgeschlossen ist, weil bei den kleinen Leuten nichts mehr zu holen ist, dann macht es »bumm!«.

Und zwar richtig!

Fazit: In den verbleibenden Monaten bis zum Herbst 2019 erwarten uns aus dem Ausland eingeschleppte Seuchen, höhere Steuern und Abgaben, eine zunehmende Geldentwertung – und ein »strenger Herrscher«, dessen Kernaufgabe vor allem darin bestehen wird, die wirklich allerletzten Schachzüge zur Rettung des Euro zu machen – natürlich auf Deutschlands Kosten!

Der globale Bankenkrach

Letztendlich werden aber alle Rettungsversuche scheitern. Es wird sich herausstellen, dass alle politischen Anstrengungen der letzten Jahre den Knall nur hinausgezögert, aber nicht verhindert haben. Der Zusammenbruch des globalen Finanzsystems erfolgt gemäß Maria definitiv im **Herbst 2019**.

Dass dieser Zusammenbruch kommen wird wie das Amen in der Kirche, wissen inzwischen sehr viele Menschen. Der Zusammenbruch ist systembedingt, er ist sozusagen mathematisch zwingend. Warnungen von Fachleuten vor den Folgen dieses Zusammenbruchs gab und gibt es *en masse*. Was die meisten Menschen aber nicht wissen, ist, was das für den Einzelnen bedeutet. Dumme Sprüche wie »Was hab *ich* damit zu tun, ich besitze ja eh nichts«, hört man zuhauf. Diese Menschen können sich einfach nicht vorstellen, was die Folgen eines Bankencrashs sind. Der komplette Zusammenbruch der Lieferketten (kein Aldi, kein Lidl, kein Kaufpark und erst recht kein Zugriff mehr auf das Girokonto) übersteigt einfach ihren Horizont.

Um es noch einmal klipp und klar zu sagen: Wir reden hier nicht vom Zusammenbruch Ihrer Sparkasse um die Ecke – wir reden vom Zusammenbruch des **globalen** Finanzsystems! Und dieser Systemzusammenbruch wird einen völlig neuen Abschnitt der Geschichte einläuten.

Als ich Maria fragte, ob sich der Systemcrash eventuell kurz vorher andeuten werde, sagte sie: »Kurz vorher ist das auf jeden Fall spürbar. Die Atmosphäre ist dann plötzlich verändert. Viele Menschen werden das spüren. Aber sie werden nicht darauf kommen, warum sie so unruhig sind. Sie werden sich fragen: Stimmt was nicht mit meinem Hund? Stimmt was nicht mit dem Haus? Stimmt was nicht mit meinem Frisör?«

Die Folgen für Deutschland: Hunger und Revolution

Nach dem großen Knall im Herbst 2019 hält sich gemäß Maria das Chaos noch relativ in Grenzen. Es wird sich aber langsam steigern, bis dann schlussendlich im **Frühsommer 2022** die **Revolution in Deutschland** ausbricht.

Maria skizziert diese zweieinhalb Jahre vom Herbst 2019 bis zum Frühsommer 2022 wie folgt:

- Ab dem Jahre 2020 werden der Bevölkerung **Lebensmittelgutscheine** ausgehändigt
- Das Sozialsystem kollabiert endgültig
- Die Kriminalität explodiert
- Die Ärzte hauen ab. Sie sind jetzt schon überfordert, aber angesichts ihres niedrigen Honorars haben sie dann erst recht keinen Bock mehr, in einem Seuchenland zu praktizieren
- Angesichts der Seuchen, des Hungers und der Kriminalität zerfällt Deutschland vollständig. Die Reichen schützen sich jetzt schon, aber dem Mittelstand und den Armen droht das endgültige Aus
- Es kommt zur **Revolution**. Die Politiker machen sich aus dem Staub. Viele haben sich bereits Fluchtburgen im Ausland zugelegt. Es geht nur noch ums Überleben.

Was das Aushändigen von Lebensmittelgutscheinen anstelle von Geld an Hartz-IV-Empfänger betrifft, sagte mir Maria, dass ungefähr die Hälfte der Hartz-IV-Empfänger von Alkohol, Zigaretten und Drogen abhängig sei – alles Substanzen, die sie über ihre Lebensmittelgutscheine dann nicht mehr beziehen könnten. Und diese fünfzig Prozent würden dann alles unternehmen, um an ihren »Stoff« zu kommen. »**Dann bist du selbst dann nicht** sicher, wenn du im zehnten Stock wohnst. Man kann dann gar nicht mehr vor die Tür gehen.« Es würde dann praktisch alles geklaut, was nicht niet- und nagelfest wäre, angefangen bei den Autos, die draußen an der Straße stünden.

Während dieser zweieinhalb Jahre werden sich einige Menschen als Ersatz für die geflüchteten Politiker zur Verfügung stellen. In ihrer Naivität versprechen sie sich Macht und hohes Einkommen. Aber gemäß Maria werden diese Menschen dann »**die Hölle auf Erden erleben, weil sie das Volk nicht mehr unter Kontrolle halten können.**«

Was speziell diese Zeit betrifft, hatte Maria die grausamsten Visionen. Sie sah Mütter, die aus lauter Verzweiflung sogar ihre Säuglinge ablehnen. Sie sah Menschen, die in der Kanalisation leben, umgeben von Ratten, weil es in den Häusern viel zu unsicher ist. Die ganze Bevölkerung wird in zahllose Gruppen zerfallen. »Was für Gruppen?«, fragte ich. »Nazis, Satanisten, Moslems …«, erwiderte sie. »**Es wird Hunderte von Gruppen geben. Wer keiner Gruppe angehört, wird nicht überleben.**«

Wenn also z.B. »Welt Online« am 2. Juni 2015 schreibt: »*Deutsche schlittern ahnungslos in die Altersarmut*«, dann hat das Blatt das Kernproblem noch gar nicht erfasst. Es geht nicht um einen reduzierten Lebensstandard im Alter, sondern ums Überleben an sich. Oder um es noch deutlicher zu sagen: Es wird in wenigen Jahren gar keinen Staat mehr geben, der zumindest eine Grundversorgung sicherstellen könnte.

Marias Visionen beziehen sich zwar überwiegend auf Deutschland, aber um es noch mal in aller Klarheit zu sagen: Wir reden hier von den Folgen eines **globalen** Systemcrashs. Deshalb kann es als sicher gelten, dass Hunger und staatlicher Zerfall mehr oder weniger global sein werden.

Konkret: Wir reden hier vom Untergang der Demokratie – oder

besser gesagt – vom Untergang dessen, was uns jahrelang als Demokratie verkauft wurde!

Alois Irlmaier hat über diese schlimme Zeit gesagt, dass »**Höhere**« (das könnten Politiker, Medienmächtige usw. sein) auf der Straße **erschossen oder hingerichtet** werden. Die Politiker hätten keine Moral mehr. Alles sei erlaubt. Es werde drunter und drüber gehen. Die Regierung werde stürzen. Es komme eine ganz schlimme Not, und es regieren dann nur noch Lug und Betrug.

Kurz zusammengefasst können wir sagen: Die Bürger werden eine ungeheure Wut auf die Politik haben. Auslöser wird die Erkenntnis sein, dass sich ihre Sparguthaben, ihre Lebensversicherungen und Renten über Nacht in Luft aufgelöst haben. Und sobald die staatlichen Strukturen zusammengebrochen sind, werden diese Menschen zur Selbstjustiz greifen.

Maria hatte zwar nur Visionen von der **Revolution in Deutschland**, aber gemäß den Schauungen anderer europäischer Seher wird ganz Europa wenige Wochen vor dem Russenüberfall in einen revolutionären Taumel verfallen.

Sehr deutlich wird dies in der **Botschaft von La Salette** (1849) gesagt: »*Frankreich, Italien, Spanien und England werden im Kriege sein. Das Blut wird auf den Straßen fließen. Der Franzose wird mit dem Franzosen kämpfen, der Italiener mit dem Italiener. Schließlich wird es einen allgemeinen Krieg geben, der entsetzlich sein wird.*«

Den Schauungen anderer Seher zufolge werden die bürgerkriegsähnlichen Unruhen schnell in überaus gewalttätige Aufstände übergehen und ganz besonders heftig in **Italien und Frankreich** ausfallen. Und auch diesen Prophezeiungen lässt sich klar entnehmen, dass alles erst kurz vor dem Russenüberfall in die Spitze laufen soll.

Was das außergewöhnliche Schicksal von **Paris** betrifft, wurde **Alois Irlmaier** überaus deutlich: »*Die große Stadt mit dem hohen* *eisernen Turm steht im Feuer. Aber das haben die eigenen Leut' angezündet, net die, die vom Osten hermarschiert sind.«*

Und die legendäre französische Wahrsagerin **Marie-Anne Lenormand** (1772 – 1843), behauptet ebenfalls, dass die Brandschatzung von Paris durch die eigene Bevölkerung zu einer Zeit erfolgt, in der Frankreich gerade von außen angegriffen wird.

Präzisere Aussagen gibt es von der stigmatisierten **Marie-Julie Jahenny** (1850 – 1941). Sie sah, dass die Russen aus der Nordschweiz kommen und sich Paris bis auf etwa 20 Kilometer nähern werden.

Nicht ganz klar ist, ob Europa kurz vor dem Ausbruch der Revolutionen weitgehend kommunistisch geworden ist. Für **Italien** wird das aber klar prophezeit. Etwa zeitgleich mit dem neuen Nahostkrieg und dem türkisch-griechischen Krieg sind in Italien die Kommunisten an der Macht. Der ebenfalls stigmatisierte hl. **Pater Pio** (1887 – 1968) sah »*die rote Fahne im Vatikan*« und sagte, dass die Kommunisten über Nacht an die Macht kämen. Danach werde es Massaker geben, in deren Folge etliche Geistliche ihr Leben lassen. Es soll dermaßen schlimm werden, dass sogar der Papst aus Italien fliehen muss. Über die Schweiz kommt er nach Köln, wo er nach dem Sieg über die Rote Armee im Kölner Dom den Deutschen Kaiser krönt. Gemäß Alois Irlmaier soll der neue bayrische König dort ebenfalls gekrönt werden.

Woher dieser Hass auf die Geistlichen kommt, wissen wir nicht. Aber einer anerkannten prophetischen Quelle, den sogenannten **Feldpostbriefen** (1914), ist zu entnehmen, dass der regierende Papst aus Italien fliehen muss, »*da er als Verräter hingestellt wird.*« Das heißt, er wird als solcher hingestellt, ist es aber nicht wirklich. Eine groß angelegte kommunistische Medienkampagne mit dem Ziel, den Papst zu verleumden, hätte bestimmt gewaltige Konsequenzen, unabhängig davon, ob die Anschuldigungen wahr wären oder nicht.

Ich könnte mir aber auch vorstellen, dass man – sobald Italien durch eine katastrophale Wirtschaftslage, durch Seuchen und Asylantenkriminalität vollkommen mürbe geworden ist – einen Schuldigen suchen wird. Und wenn der Papst dann immer noch sagt »Alle Asylanten aufnehmen!«, dann wird das Volk früher oder später explodieren.

Nicht ausgeschlossen werden kann auch, dass sich inzwischen Mitglieder der Terrormiliz IS unter die Asylanten gemischt haben und dann im Vorfeld der kommunistischen Machtübernahme Großterror in Italien entfachen. Dem Papst würde man dann praktisch eine Mitschuld an den Terrorakten geben. Aber das ist nur eine Vermutung. Auslöser für die Papstflucht könnte natürlich auch noch irgendein Skandal in der Kirche sein, der so groß wäre, dass er die Leute durchdrehen ließe.

Abschließend soll noch erwähnt werden, dass auch der sogenannte **Seher aus dem Waldviertel** für die Zeit kurz vor dem Krieg *»einen Siegeszug der Linken«* voraussagt.

Die Auflösung der Türkei

Bevor wir uns dem russischen Angriff auf Europa widmen, brennt uns ein anderes Thema auf den Nägeln.

Die Türkei!

Bereits im September 2013 sagte mir Maria, dass die Türkei »explodieren« werde. Es werde einen »**Terroranschlag mit dreitausend Toten**« geben. Auf meine reflexartige Frage »In welcher Stadt?« wusste sie nichts zu sagen. Und auf meine Folgefrage »Wann?« erwiderte sie nur: »Nicht vor einem Jahr.«

Nun, »nicht vor einem Jahr« kann genauso gut heißen »nicht vor *zehn* Jahren.« Das sollte uns aber nicht misstrauisch machen. Wenn Maria zum Thema Türkei damals zeitlich nichts Präzises sagen konnte, heißt das ja nicht automatisch, dass wir ihre übrigen zeitlichen Angaben ebenfalls knicken können.

Drei ihrer Aussagen hatten damals jedoch mein Interesse geweckt:

- »Als Folge dieses Terroranschlags bricht in der Türkei ein **Bürgerkrieg** aus. Dieser Bürgerkrieg wird schlimmer als der in Syrien.
- Es wird dort so schlimm, dass **ein anderes Land in die Türkei einmarschieren** und
- **Erdogan gestürzt** wird.«

Welches Land in die Türkei einmarschieren wird, konnte oder wollte sie mir im September 2013 nicht sagen. Aber im April 2015 kamen wir erneut auf das Thema zurück. Und diesmal sagte sie: »**Russland!**« »Und wann?«, fragte ich. »**Noch vor der Revolution in Deutschland**«, gab sie zur Antwort. »Ist Erdogan dann noch an der Macht?«, wollte ich wissen. »Ja. Aber dann wird er gestürzt.« Weiteres Nachfragen nützte nichts. »Sei nicht so neugierig«, erhielt ich als Antwort.

Folglich habe ich im Internet nach »Türkei«, »Russland«, »Krieg« und »Prophezeiung« gegoogelt.

Und siehe da: Ich wurde fündig. Ich stieß auf die mir bislang völlig unbekannten Prophezeiungen des griechischen Mönchs **Pater Paisios** (gestorben 1991).

Vorab muss ich allerdings sagen, dass ich im ganzen Internet keine Prophezeiung gefunden habe, die einen Bürgerkrieg in der Türkei voraussagt. Nur in einem alten Buch, das sich in meinem Besitz befindet, fand ich eine interessante Notiz. Bei diesem Buch handelt es sich um »*Das Buch der Wahr- und Weissagungen, fünfte verbesserte Auflage von Wilhelm Clericus, mit kirchlicher Druckgenehmigung, Regensburg 1920, Verlagsanstalt G. J. Manz, Buch- und Kunstdruckerei A.-G., München-Regensburg*«.

Dort heißt es auf Seite 260: »*Die Slaven werden sich wieder vereinen und ein eigenes katholisch-slavisch-abendländisches großes Reich bilden, um die* **Türken aus Europa zu verjagen.** *In Konstantinopel wird der Halbmond verschwinden und das Kreuz verehrt werden. Die christliche Religion wird sich von daher über alles Länder verbreiten. Viele Grausamkeiten werden verübt werden und schreckliche Landplagen diese Länder heimsuchen.*«

Und auf Seite 261 heißt es weiter: »***Die aus Europa vertriebenen Türken werden sich in Afrika festsetzen.*** *Jerusalem wird die Königstadt werden und Heil und Segen wird diese Länder dann beglücken. Der König von Ägypten wird sterben und diese Länder dann die Wohltaten von Jerusalem empfangen.*«

Doch nun zurück zu **Pater Paisios**. Beim Googeln stieß ich im Diskussionsforum der Seite »schauungen.de« auf das Posting eines gewissen »BB«, datiert auf den 20. Juni 2012. Dort heißt es:

»*Der Streit wird eskalieren, und wenn es um die* **Erweiterung der 6-Meilen-Zone auf die 12-Meilen-Zone** *geht, steht der Ausbruch des Krieges kurz bevor. Die Türkei wird beim* **Angriff auf Griechenland** *fast die gesamte Flotte verlieren, aber auf Land werden sie in Richtung Thessaloniki vorstoßen. Die Stadt Xanthi muss komplett wieder aufgebaut werden. Am Anfang wird es aussehen, als ob die Türkei an jeder Front siegen wird. Die Türkei wird Krieg gegen Israel führen. Die Türkei wird Krieg gegen Russland führen.* **Russland wird die Türkei völlig vernichten.** *Ein Drittel des Landes geht an die Armenier, das zweite Drittel geht an die Kurden und das letzte Drittel werden die Russen an die Griechen geben – nicht weil sie wollen, sondern sie werden es müssen.* **Istanbul wird wieder in griechische Hände kommen und wird wieder zu Konstantinopel.** *Die Europäer und die Amerikaner werden sich aus dem Konflikt zunächst raushalten. Aber nachdem immer mehr russische Streitkräfte und die russ. Marine über das Schwarze Meer in Richtung Süden kommen, werden die westlichen Mächte unruhig. Die Russen vernichten die Türkei und halten ihren Vormarsch vor den Toren Jerusalems. Sie werden diese Zone 6 Monate lang besetzen. Die europäischen Staaten (FR/GB/D/ES/IT und einige weitere) sowie die USA geben den Russen ein Ultimatum, sich von Israel zurückzuziehen. Das Ultimatum verstreicht, und die Russen ziehen sich nicht zurück.* **Das Mittelmeer füllt sich mit Flotten aus allen Nationen. Russland fällt in Europa ein.**«

Leider fand ich im ganzen Internet keine deutsche oder zumindest englische Übersetzung der Prophezeiungen Pater Paisios', bei der die Authentizität zweifelsfrei feststeht. So bleibt uns also nichts weiter übrig, als »BBs« Posting Glauben zu schenken.

Fassen wir zusammen:

- Ein gewaltiger Terroranschlag löst in der Türkei einen Bürgerkrieg aus. Das Jahr des Ausbruchs kennen wir nicht. Gemäß Maria soll es aber noch während der Regierungszeit Erdogans passieren. Theoretisch könnte es also jederzeit losgehen. Die Folge: Es würden weitere Millionen Türken nach Deutschland flüchten, und die allgemein angespannte Wirtschaftslage würde sich weiter verschärfen. Offen bleibt natürlich, wer ein Interesse an einem solchen Terroranschlag haben könnte bzw. welcher Staat oder welche Institutionen als Auftraggeber infrage kommen könnten. Da gibt es insofern viele Kandidaten, als es sich die Türkei unter Erdogan ohnehin mit fast jedem Staat verscherzt hat. Am 30. Mai 2015 zum Beispiel sagte Erdogan vor Hunderttausenden seiner Anhänger: »*Eroberung heißt Mekka. Eroberung heißt Sultan Saladin, heißt, in Jerusalem wieder die Fahne des Islam wehen zu lassen.*« So was nennt man auch Paralleluniversum. Mal abwarten, wie solche Eroberungsfantasien in Jerusalem, der ungeteilten Hauptstadt Israels, aufgenommen werden.

- Noch während der Hungerkrieg in Europa langsam Gestalt annimmt, und noch während der Bürgerkrieg in der Türkei Fahrt aufnimmt, trifft die griechische Regierung irgendwann eine folgenschwere Entscheidung: Sie weitet die 6-Meilenzone in der Ägäis auf 12 Meilen aus.
- Die Türkei greift daraufhin Griechenland an und verliert dabei ihre gesamte Flotte – möglicherweise durch hochmoderne Waffensysteme, die Griechenland inzwischen von Russland gekauft hat.
- Nach kleineren Landgewinnen wird die Türkei aber schnell von Griechenland wieder ablassen, da sie nun selber angegriffen wird. Und zwar von Russland. Dabei wird die Türkei völlig vernichtet und als Staat aufgelöst. Das westliche Drittel geht später an Griechenland, wobei Konstantinopel seinen alten Namen zurückerhält. Der Nordosten geht an Armenien. Der Südosten geht an die Kurden.
- Die Russen marschieren durch bis nach Jerusalem und werden diesen ganzen Streifen von der Türkei bis runter nach Jerusalem sechs Monate lang besetzen
- Die USA und Europa stellen Russland ein Ultimatum, sich aus Israel zurückzuziehen
- Das Ultimatum verstreicht, ohne dass sich die Russen zurückziehen

- Das Mittelmeer füllt sich mit Flotten aus allen Nationen
- Russland fällt in Europa ein.

Das klingt zunächst mehr als unglaubhaft, da sowohl Griechenland als auch die Türkei NATO-Mitglieder sind. Ein Angriff eines Mitgliedstaates auf einen anderen Mitgliedstaat würde sofort den NATO-Bündnisfall auslösen. Alle übrigen NATO-Mitglieder wären sofort vor Ort und würden militärisch eingreifen. Es sei denn, die NATO wäre gerade mit ganz anderen Problemen beschäftigt – und zwar mit viel gewichtigeren. Oder beide Staaten, sowohl die Türkei als auch Griechenland, hätten die NATO inzwischen verlassen. Bei der Türkei kann man sich das sogar relativ leicht vorstellen, z.B. wenn Erdogan noch während des türkischen Bürgerkrieges sein Kalifat ausruft. Und im Falle von Griechenland ist es denkbar, dass sich das Land nach dem Grexit den BRICS-Staaten anschließt, dadurch verstärkt unter russischen Einfluss gerät, zuerst aus der EU und später auch aus der NATO austritt.

Ganz ignorieren können wir diese Prophezeiung jedenfalls nicht, zumal auch Alois Irlmaier für die Zeit kurz vor dem Russenüberfall auf Deutschland sagt: *»Aber der eigentliche zündende Funke wird im Balkan ins Pulverfass geworfen.«*

Und Griechenland und die Türkei gehören nun mal zum Balkan.

Denkbar wäre aber auch, dass Griechenland längst ein Geheimabkommen mit Russland geschlossen hat, in dem den Griechen für den Fall eines türkischen Angriffs der Schutz Russlands zugesichert würde. Russland weiß schließlich, dass Griechenland angesichts seiner maroden Staatsfinanzen dringend auf die Rohstoffe, in dessen Besitz es zwangsläufig durch die Erweiterung der 6-Meilenzone auf zwölf Meilen käme, angewiesen ist. Russland weiß aber auch, wie die Türkei auf diese Erweiterung reagieren würde. Nämlich mit Krieg. Mit anderen Worten: An der Südflanke der NATO entstünde ein gewaltiger Konflikt, der letztendlich NATO-Kräfte binden würde, die dann in Westeuropa fehlen würden. Und Westeuropa ist ja, wie wir später noch sehen werden, das primäre Ziel der Russen.

Wie dem auch sei – beim Googeln stößt man auf weitere Prophezeiungen zum Thema, über deren Authentizität ich aber leider nicht urteilen kann. So heißt es irgendwo, ein Drittel der Türken werde vernichtet, ein Drittel lasse sich taufen, und ein Drittel fliehe nach Afrika und setze sich dort fest. Aber selbst wenn ein Drittel der Türken umkäme, ist kaum glaubhaft, dass das ausschließlich durch den Krieg mit Russland geschieht – entweder ist es die Folge eines jahrelangen Bürgerkriegs in der Türkei oder die Folge der Dreitägigen Finsternis, die sich laut Maria im Spätherbst 2022 ereignen soll.

Ein neuer Krieg im Nahen Osten

Als ich allmählich realisierte, dass sich Marias Schauungen mit denen anderer europäischer Seher deckten, wurde ich unruhig. Mir wurde irgendwann klar, wie sehr die deutsche Bevölkerung durch Hungersnot, Seuchen, Plünderungen, Russenangriff und Dreitägiger Finsternis dezimiert wird. Und zwar nicht in ferner Zukunft, sondern bereits in den nächsten Jahren.

Folglich fragte ich Maria, in welche Länder man auswandern könnte. Als erstes kam mir natürlich **Israel** in den Sinn. Nicht nur weil ich schon immer eine hohe Affinität zu diesem Land hatte und es schon häufig bereist habe, sondern auch weil es dank seiner weitsichtigen Führung um Größenordnungen sicherer ist als Europa.

Als ich Maria diesen Vorschlag machte, sah sie mich an, als hätte ich nicht mehr alle Tassen im Schrank. **»In Israel wird es drunter und drüber gehen«**, sagte sie.

Diese Aussage irritierte mich doch sehr. Deshalb wollte ich jetzt unbedingt wissen, was die anderen Seher über Israels Zukunft sagen. Im Internet habe ich dann unter »Israel« und »Prophezeiung« gegoogelt. Ich kann Ihnen sagen, mir wurde dabei ziemlich schummrig vor Augen – nicht nur wegen der Fülle der Treffer, sondern hauptsächlich wegen deren Inhalt. Die Zukunft Jerusalems zum Beispiel wurde in einem Kontext gesehen, den man nur als apokalyptisch bezeichnen kann. Der Hauptfeind, ein in »*Magog*« lebender Fürst namens »*Gog*«, will scheinbar alle Staaten der Welt gegen Gottes auserwähltes Volk aufbringen. Und die Prophezeiungen sagen, dass ihm dies auch gelingt. Seine Armeen sollen bis nach Jerusalem vordringen.

Die Mehrzahl der Interpreten identifiziert »*Magog*« als Russland, andere sehen in »*Magog*« die Türkei. Aber die Türkei kann es meines Erachtens nicht sein, denn selbst ein Erdogan mit seinen osmanischen Allmachtsfantasien weiß, dass ein Angriff auf Israel Selbstmord wäre. Deshalb kann der Feind »*aus dem äußersten Norden*« nur Russland sein.

Auf jeden Fall zieht irgendwann eine gewaltige Streitmacht gen Israel. Doch wenn alles verloren scheint, greift Gott ein. Die Angreifer werden wahnsinnig und bringen sich gegenseitig um.

Man könnte geneigt sein, dieses apokalyptische Szenario in die allerfernste Zukunft zu schieben. Interessanterweise sagen europäische Seher jedoch, dass es **vor dem russischen Angriff auf Westeuropa im Nahen Osten Krieg** gibt.

»*Anfangen tut es bei den Juden und Arabern*«, soll **Alois Irlmaier** gesagt haben.

»*Alles ruft Frieden, Shalom! Da wird's passieren. – Ein neuer Nahostkrieg flammt plötzlich auf, große Flottenverbände stehen sich im Mittelmeer feindlich gegenüber. Die Lage ist gespannt. Aber der eigentliche zündende Funde wird im Balkan ins Pulverfass geworfen.*«

»Balkan« eröffnet natürlich ein weites Feld für Spekulationen. Fakt ist aber, dass Griechenland und die Türkei auch zum Balkan gehören.

Der oben bereits zitierte **Mönch Paisios** sagte: »*Die Russen vernichten die Türkei und halten ihren Vormarsch vor den Toren Jerusalems. Sie werden diese Zone sechs Monate lang besetzen.*«

Dieses Lagebild sei noch um ein Gesicht der bayrischen Seherin **Erna Stieglitz** ergänzt: »*Im Sommer, wahrscheinlich im Monat Juli, wenn die Erdölregion bereits in ziemlich festen sowjetischen Händen ist, erfolgt der Angriff der Sowjetunion auf die Süd- und Nordflanke,* *auf die Türkei, auf Griechenland, auf Jugoslawien und auf Skandinavien. Ende Juli stoßen die **sowjetischen** Angriffskeile blitzartig gegen Westeuropa vor.«*

Der Russenüberfall

Dass wir in Zeiten leben, in denen die deutschen Medien absichtlich Desinformation verbreiten, ist keine neue Erkenntnis. Oder um es mal mit dem südafrikanischen Seher Nicolaas van Rensburg (1864 – 1926) zu sagen: »Die Kerzen der Information wurden ausgelöscht«. Deshalb verwundert es nicht, wenn sich inzwischen und sozusagen als Gegengewicht zum medialen Lügen-Mainstream eine Internet Community gebildet hat, die zu allem, was die deutschen Medien verbreiten, ihren exakt konträren Senf beisteuert.

Und je mehr Menschen zu der Erkenntnis gelangen, dass die Realitäten und Spielregeln in Deutschland von der Supermacht USA definiert und vorgegeben werden, umso stärker wächst die Zahl der sogenannten »Putinversteher«. Und diese übersehen dabei nur allzu schnell die Tatsache, dass der Kreml kein Stück besser ist und bislang noch jeden ernstzunehmenden Systemkritiker rechtzeitig aus dem Verkehr gezogen hat.

Ich will hier weder der einen noch der anderen Fraktion das Wort reden, sondern wünsche mir, dass man einfach mal emotionslos zur Kenntnis nimmt, dass Großmächte nun mal nicht lange fackeln, wenn es um die Verteidigung ihrer ureigensten Interessen geht. Und es ist absolut normal, dass man stets der Gehirnwäsche jener Medien ausgesetzt ist, die im Einflussbereich der jeweiligen Großmacht liegen.

Dass die USA bislang noch jeden ihrer früheren Freunde und Verbündeten über den Tisch gezogen und verraten haben, ist ja nichts Neues. Spontan fallen mir da der Schah von Persien, Saddam Hussein und Gaddafi ein. Israel haben sie auch verraten, siehe Obamas Atomdeal mit dem Iran. Und Deutschland bzw. Europa werden sie in naher Zukunft ebenfalls verraten – zumindest sagen uns das die Prophezeiungen. Aber glaubt hier irgendwer, Deutschland stünde grundsätzlich anders da, wenn es sich statt im amerikanischen im russischen Machtbereich befände?

Es ist übrigens interessant, was Maria noch über die USA gesagt hat. Und zwar kamen wir über das Thema Zuwanderung darauf. Maria sagte: »**Amerika hat die weltweit höchste Intelligenz im Lande.**« Auf meinen Einwand, dass fünfzig Prozent der Amerikaner noch nicht mal in der Lage seien, ihr eigenes Land auf einer Weltkarte zu finden, sagte sie sinngemäß: *Du hast überhaupt keine Ahnung. In jedem Land werden immer mal wieder außergewöhnliche Menschen geboren. Nicht nur solche mit hellseherischen Fähigkeiten, sondern auch mit extrem paranormalen. Es gibt zum Beispiel Kinder, die können nur mit ihrem Geist ganze Autos in die Luft heben. Es gibt Menschen, die können mit ihrem Geist Kerzen anzünden und wieder zum Erlöschen bringen. Die können Fenster öffnen und schließen. Alle diese Kinder werden, ohne dass die Öffentlichkeit jemals etwas davon erfährt, nach Amerika gebracht und dort weiter ausgebildet.*

Irgendwann im Laufe des Jahres 2014 erklärte Maria mir dann, wie sie den grundsätzlichen Aufbau der Welt sieht.

Ich müsse mir die Welt in **vier Ebenen** unterteilt vorstellen.

Ganz unten, also auf **Ebene 4**, befinden sich 99 Prozent aller Menschen – Schafe, die man in jede x-beliebige Richtung treiben kann. Dumm geboren, dumm geblieben, dumm gestorben.

Darüber, also auf **Ebene 3**, befindet sich die staatliche Gewalt, also die Politiker. Ihre Aufgabe ist es, die Spielregeln zu definieren, damit die Schäfchen auf Ebene 4 nicht aus der Reihe tanzen. Ein amerikanischer Präsident – vorgeblich der mächtigste Mann der Welt – wäre nichts weiter als eine Marionette auf eben jener Ebene 3.

Auf **Ebene 2** befindet sich schließlich das internationale Bankensystem. Dieses System diktiert die Spielregeln für die Staaten. Und damit dürfte klar sein, dass mit »Bank« nicht Ihre Volksbank um die Ecke gemeint ist, sondern das internationale (Zentral) Bankensystem.

Tja, und wer bleibt dann noch übrig? Wer bildet die **Ebene 1**? Maria sagt es uns: »**Das sind jene unvorstellbar reichen und mächtigen Menschen, denen die Zentralbanken gehören.** Von einer Handvoll Menschen einmal abgesehen, weiß niemand, wer diese unvorstellbar reichen und mächtigen Menschen sind.« »Und was haben sie mit der Welt vor?«, frage ich. Maria lacht. »Sicherstellen, dass der riesige Staubsauger auch weiterhin funktioniert. Es geht ausschließlich darum, Geld und Macht von unten nach oben zu saugen.«

Stark vereinfacht (also unter Ausschluss einer Vielzahl von Thinktanks, die selbstverständlich auch beteiligt sind) sieht Maria den Aufbau der Welt (von oben nach unten) wie folgt:

»Big Money« → Finanzeliten → Politische Eliten → Plebs

Zur politischen Elite steigt man natürlich nicht so ohne weiteres auf. Das heißt, um vom Volk später »demokratisch« gewählt werden zu können, muss man zunächst einmal ein »Auserwählter« sein. Auserwählt im Sinne der Finanzeliten ist man aber erst dann, wenn man im Wesentlichen zwei Kriterien erfüllt: Man muss erstens devot und zweitens erpressbar, also steuerbar sein. Danach läuft es für den angehenden Elitepolitiker praktisch wie von selbst.

Wenn Maria recht hat und es diese »unvorstellbar reichen und mächtigen Menschen« mit ihren undurchschaubaren Zielen wirklich gibt, kommen einem natürlich die eigentümlichsten Gedanken. Die Frage, ob die Welt wirklich bipolar ist (auf der einen Seite die USA und die EU, auf der anderen Seite Russland und China), oder ob uns da nur etwas vorgemacht wird – es in Wirklichkeit also längst so etwas wie eine geheime Weltregierung gibt, die beide Lager sozusagen von höherer Warte aus zielgerichtet steuert –, kann meines Erachtens nicht endgültig beantwortet werden. Ist aber auch irrelevant, da wir daran doch nichts ändern könnten. Und Maria sagt dazu: **»Merk dir eins: In dieser Welt geht es nur ums Geld! Außerdem vergisst du etwas.«** »Was denn?«, frage ich. **»Gott! Gott spielt ebenfalls mit.«**

Tja, das hatte ich wohl verdrängt. Egal was diese mächtigen Weltgestalter hinter den Kulissen für Pläne haben – der eigentliche Dirigent in diesem Weltzirkus ist Gott. Und im selben Augenblick muss ich an die Worte denken, die die Muttergottes von Fatima bei der bislang letzten bekannt gewordenen Marienbotschaft vom 7. April 1990 zu **Schwester Lucia** (1907 – 2005) gesagt haben soll:

»Lasst uns nicht täuschen durch die Ereignisse, die in Europa Platz greifen: dies ist eine Täuschung! Russland wird nicht bekehrt werden, bis Russland die Geißel für alle Nationen wird. Russland hat die Geißel zu sein, um alle Nationen zu schlagen. Russland ist das Werkzeug, das der Ewige Vater gebrauchen wird, um die Welt zu bestrafen: denn Russland wird den Westen überfallen, und mit Russland wird China in Asien einfallen. *Meine Worte werden verdreht. Die Oberen in der Kirche und die Priester tun dies, um unsere Kinder zu verwirren und sie glauben zu machen, der Weltfriede sei gekommen, und die Bekehrung Russlands sei da. Dies ist nicht der Fall. Die Welt befindet sich in großer Gefahr. Wenn die Welt nicht umkehrt, wird sie in einen schmerzlichen Krieg hineingestürzt werden. Die Wende in Osteuropa führt nicht zum Frieden!«*

Jahrzehntelang rätselte die Fachwelt über den exakten Inhalt des sogenannten **»Dritten Geheimnisses von Fatima«**. Es wurde seitens der Kirche zwar etwas veröffentlicht, das die Kritiker als »echt« einstufen. Zweifel bestehen jedoch nach wie vor, ob die Veröffentlichung vollständig war. Was wir augenblicklich mit allem Vorbehalt wissen, ist, dass das Dritte Geheimnis eine Chronologie enthält, die mit dem Jahr 1960 begann. Was allerdings nicht heißt, dass sich schon alles erfüllt hat. Vor allem nicht jener Passus, der sich auf Russland bezieht. Von Russland wird auf jeden Fall etwas Katastrophales ausgehen, soviel können wir sagen. Russland soll das Instrument sein, um die ganze Welt zu bestrafen. Des Weiteren soll es im Dritten Geheimnis auch um die Verfolgung der Kirche und die Vernichtung verschiedener Nationen gehen. Aber die zentrale Aussage soll der Verlust des Glaubens sein. Ein Glaubensabfall, möglicherweise im Zentrum der Kirche selbst. Das ist natürlich der blanke Horror, aber wir wissen auch, dass das Dritte Geheimnis mit einem wunderbaren Versprechen endet: *»Am Ende wird mein Unbeflecktes Herz triumphieren, der Heilige Vater wird Mir Russland weihen, es wird konvertieren und eine Zeit des Friedens wird der Welt geschenkt werden.«*

In den Schauungen einiger europäischer Seher finden sich Hinweise, dass die offizielle Auflösung der Sowjetunion im Dezember 1991 nichts weiter war als ein groß angelegtes Täuschungsmanöver der Kommunisten und dass sich der innerste Führungskern Russlands nach wie vor zu den Lehren Lenins bekennt.

Des Weiteren ist bei einigen Sehern die Rede davon, dass Russland irgendwann auch offiziell zum Kommunismus zurückkehrt. So hat zum Beispiel die Seherin **Veronica Lueken** im Zusammenhang mit der Flottenkonzentration im Mittelmeer *»eine Flagge, eine rote Flagge mit Hammer und Sichel«* gesehen.

Bringt uns dieses Wissen weiter? Ich sage: Nein. Für uns ist nur eines entscheidend: Der Russe kommt. Und zwar dann, wenn niemand damit rechnet!

Gemäß dem Irlmaier-Experten Stephan Berndt gibt es aus der Zeit von 1081 bis 1991 fünfundsechzig prophetische Quellen, die entweder direkt von »Russen« oder ganz allgemein von einem »Angreifer aus dem Osten« sprechen.

Auch die Umstände bzw. Charakteristika dieses Angriffs werden ähnlich geschildert (siehe hierzu: Stephan Berndt »*Countdown Weltkrieg 3.0*«, Seite 72):

- Ausbruch zur Getreideernte
- Schlachten am Rhein und am Rande des Ruhrgebietes
- Die Kürze des Krieges
- Der plötzliche Ausbruch
- Die Wiedereinführung der Monarchie
- Religiöse Renaissance nach dem Krieg

Praktisch alle Quellen sagen, dass der Angriff völlig überraschend kommt. Natürlich nicht für die Geheimdienste – dies zu glauben, wäre mehr als naiv –, aber für die westeuropäische Bevölkerung. Und das ist ein sehr interessanter Punkt: Während die russische Bevölkerung nachweislich jetzt schon auf die Möglichkeit eines Krieges eingestimmt wird, erfahren die Völker Westeuropas rein gar nichts über das aktuelle Stimmungsbild in Russland. Warum? Weil es die Medien verschweigen!

Was die Vielzahl der Vorzeichen betrifft, die diesem plötzlichen Angriff vorausgehen, empfehle ich Ihnen dringend das Buch von Stephan Berndt: »*Countdown Weltkrieg 3.0*«. Es widmet sich schwerpunktmäßig diesem Themenkomplex.

Erwähnt sei hier nur, dass es nach dem Mord am 3. Hochgestellten praktisch über Nacht losgeht. Der Russe überfällt uns in drei Stoßkeilen mit einer gewaltigen Panzerarmee, die allerdings am Rhein zum Stehen kommt. Die Auswirkungen dieses ca. drei Monate währenden Krieges werden praktisch ganz Deutschland östlich des Rheins und nördlich der Donau in eine Trümmerwüste verwandeln. Natürlich gibt es auch hier höchst gefährliche und weniger gefährliche Gebiete.

Im Laufe dieses Krieges soll dann auch noch eine Bombe mit gewaltiger Sprengkraft in die Nordsee geworfen werden, woraufhin sich das Wasser meterhoch auftürmen und ganz England unter sich begraben wird. Die Fluten sollen so gewaltig sein, dass sie bis nach Berlin kommen.

Die USA werden dann versuchen, die russischen Nachschubwege zu unterbrechen. Alois Irlmaier sah diesbezüglich Tausende von »*Vögeln*« im Wüstensand aufsteigen, übers Mittelmeer fliegen und – beginnend bei Prag – einen »*grüngelben Strich*« bis hoch zur Ostsee (Stettin?) ziehen. Stephan Berndt interpretiert diese »*Vögel*« wohl richtigerweise als einen Drohnenschwarm.

Da Irlmaier an anderer Stelle sagt, dass der Boden anschließend »*durch eine Kraft zehn Meter tief verbrannt*« sei, dass selbst »*die Würmer im Boden sterben*« und das ganze Gebiet ungefähr ein Jahr lang gar nicht mehr betreten werden könne, darf von einem hochwirksamen chemischen Kampfstoff ausgegangen werden. Außerdem sagt Irlmaier, dass die Panzer weiterfahren, während die Insassen bereits tot sind.

Das Ende vom Lied ist, dass der russische Nachschub vollständig in sich zusammenbricht.

Dann, im Spätherbst 2022, nach ca. drei Monaten Krieg, kommt es durch ein außerordentliches Ereignis – der legendären Dreitägigen Finsternis – zu einem rabiaten Ende des russischen Abenteuers.

Die Dreitägige Finsternis

Der Krieg wird natürlich beginnen und übernatürlich enden. Dieses außergewöhnliche Ereignis, das den Sieg der Russen letztlich verhindert, wurde von über fünfzig Sehern geschaut, deshalb kann als sicher gelten, dass es auch eintritt.

Da nach Aussage praktisch aller Seher von drei Tagen absoluter Finsternis die Rede ist, nach deren Ende schlagartig – also praktisch übergangslos – die Sonne wieder scheinen soll, fragt man sich natürlich, wie das gehen soll. Alle vorstellbaren natürlichen Ursachen für eine solche Finsternis würden zumindest eine mehrtägige Dämmerung nach sich ziehen. Im Grunde lässt sich dieses Phänomen also nicht verstehen. Deshalb fragte ich Maria nach der Ursache. »**Gott ist die Ursache**«, sagte sie. »**Wer sonst?**«

Maria ist also hundertprozentig davon überzeugt, dass dieses Phänomen eine übernatürliche Ursache hat. Und ich gebe ihr Recht. Kein natürliches Ereignis ist denkbar, bei dem nach einer dreitägigen Finsternis schlagartig die Sonne wieder scheint.

Und dann, ohne dass ich eine entsprechende Frage gestellt hätte, sah sie mich plötzlich sehr ernst an und sagte: »**Du selbst wirst diese dreitägige Finsternis noch erleben.**« Ob ich sie auch *über*leben werde, sagte sie mir nicht.

Was die Zahl der Todesopfer während der Finsternis betrifft, weichen die Aussagen der Seher deutlich voneinander ab. Das Spektrum reicht von einem Drittel bis zu zwei Drittel der Menschheit. Schlimmstenfalls wäre also mit mehr als fünf Milliarden Toten zu rechnen.

Nicht ganz klar ist, ob sich dieses Phänomen nur auf der Nordhalbkugel abspielen wird oder ob es den gesamten Planeten erfasst.

»Der Mensch denkt, Gott lenkt«, heißt es so schön. Aber in diesem Falle würde sich die Redensart auf eine höchst makabre Art und Weise bewahrheiten. All die komplizierten Bevölkerungsreduktionsprogramme der Eliten wären über Nacht Makulatur, weil Gott höchstselbst die Frage der Überbevölkerung regeln wird.

Und zwar auf Seine Art.

Kann man sich vor dieser Katastrophe überhaupt schützen?

Ja, sagt Irlmaier. Man soll sich während dieser drei finstren Tage zu Hause und nur in geschlossenen Räumen aufhalten. Er spricht die ausdrückliche Warnung aus, auf gar keinen Fall ein Fenster oder die Haustür zu öffnen. Man soll ausschließlich vor geweihten Kerzen beten. Für den Fall, dass man etwas essen möchte, empfiehlt er Essen aus Blechkonserven. Gläser halten das, was kommt, offensichtlich nicht ab. Aber Appetit hätte man in dieser Zeit sowieso keinen. Sobald man nach Ablauf der drei Tage wieder aus dem Hause ginge, wären die Straßen übersät mit Leichen.

Monarchie und Goldstandard

Nachdem die Überlebenden in ihrem Lebensstandard um zweihundert Jahre zurückgeworfen wurden und inzwischen auch umfassend realisiert haben, dass sich die Demokratie, in der sie mal gelebt haben, innerhalb von nur zwei Jahrzehnten in eine verlogene linke Diktatur gewandelt hat; und nachdem sie ebenfalls realisiert haben, dass das Fiat Money System nichts weiter war als ein gigantisches Betrugssystem, um die ganze Menschheit zu knechten, kommt etwas Neues.

Dieses Neue, ob Sie's nun glauben oder nicht, ist wieder das ganz Alte: die Monarchie und der Goldstandard.

Warum ausgerechnet Monarchie, werden Sie sich fragen. So toll waren die Zeiten der Könige und Kaiser ja nun auch wieder nicht. Nun, nach dem Untergang des Fiat Money und seinem politischen System, der Demokratie, haben wir im Grunde nur zwei Alternativen: Ein autoritäres Regime ohne allgemeines Wahlrecht oder jahrzehntelanges Chaos. Und gemäß den Prophezeiungen kommt nun mal die Monarchie wieder!

Man kann sogar sagen: Selbst wenn wir sämtliche europäischen Prophezeiungen der letzten Jahrhunderte und speziell die der letzten Jahrzehnte mit dem denkbar größten Argwohn betrachten würden, gäbe es immer noch **drei Ereignisse**, die so häufig geschaut worden sind, dass es schon extrem unwahrscheinlich wäre, wenn sie nicht eintreten würden:

- Der Angriff aus dem Osten,
- die Dreitägige Finsternis und
- die Renaissance von Monarchie und Kirche

Irlmaier hat insgesamt vier Kronen »blitzen« sehen. Drei Königskronen (Bayern, Österreich und Ungarn) und eine Kaiserkrone (Deutscher Kaiser). Und auch die Reihenfolge der Krönungen der neuen Monarchen scheint festzustehen. Der Kaiser ist zuerst dran. Er wird noch während der italienischen Revolution vom geflohenen Papst in Köln gekrönt. Die Krönung der drei Könige erfolgt deutlich später. Gemäß Irlmaier finden diese Krönungen statt, sobald der Papst nach ca. zweihundert Tagen nach Rom zurückgekehrt ist.

Selbstverständlich können wir an dieser Stelle nicht das ganze Programm der neuen Monarchen abrollen – aus dem einfachen Grunde, weil wir es selbst noch nicht kennen. Aber eines können wir bereits heute sagen: Das heutige dekadent-totalitäre System mit seiner bürokratischen Bevormundung wird restlos beseitigt. Nichts vom alten System wird überleben. Der Staat wird auf fünf bis maximal zehn Prozent seiner gegenwärtigen Größe zusammengestaucht. Totalitäre Umerziehungsideologien wie Political Correctness, Feminismus, Multikulti, Homoehe, Genderwahn, moderner Firlefanz wie »New Age«, »Frauenquote«, »Integrationsbeauftragte« oder »interreligiöser Dialog« und viele andere »Wohlstandskrankheiten« verschwinden in der Jauchegrube der Geschichte – vielleicht nicht für immer, aber doch für mindestens zwei Generationen. Das wird dem einen oder anderen vielleicht nicht schmecken, aber ich kann Ihnen versprechen, dass der Kaiser für jeden etwas dabei hat. Und dass es dann auch keine GEZ-Gebühren mehr gibt, die in unserer DDR 2.0 für das politisch korrekte Staatsfernsehen zwangsabgeführt werden müssen, erfreut wohl jeden anständigen Menschen. Auch die ekelhaften gelben Quadrate auf deutschen Bahnsteigen, in die sich der geneigte Marlboro Lights- oder Pall Mall-Raucher zwangsweise stellen muss, wenn er sich mal eine anzünden will, werden höchstens noch in Albträumen auftauchen. Wo künftig geraucht wird, entscheidet der freie Bürger und nicht irgendwelche Bürokraten, die den Bürger peu à peu entmündigen. Überhaupt wird der Staat deutlich abgeschmolzen, auf das Notdürftigste reduziert und quasi nur noch wie ein »Nachtwächterstaat« im Hintergrund wirken. Die Entschlackung hat zur Folge, dass natürlich auch die Steuerbelastung für den Einzelnen dramatisch sinken wird. Eine Steuerlast von maximal zehn Prozent wäre schon extrem hoch. Alle diese Maßnahmen werden natürlich erheblich zur geistigen Gesundung der europäischen Völker beitragen. Und wenn dann trotzdem noch jemand »seelische Schmerzen« haben sollte, dann geht er nicht mehr zu einem Therapeuten, sondern beim nächsten Priester beichten.

Neunundneunzig Prozent der heutigen Gesetze und Verordnungen werden verschwinden. Dafür wird es mit Sicherheit zwei neue Gesetze geben: Abtreibung wird verboten und Deutschfeindlichkeit hart bestraft werden.

Die Monarchen werden ansonsten sehr liberal und Deutschland wird auch weiterhin ein weltoffenes Land sein – allerdings nicht im heutigen selbstzerstörerischen Sinne. Ausländer werden wahrscheinlich nach festen Quoten auf die verbliebenen Gemeinden verteilt werden und auch nur bleiben dürfen, wenn man sie als Arbeiter in der Land- und Forstwirtschaft gebrauchen kann.

Überhaupt wird die ethnische Zugehörigkeit äußerst wichtig für die künftigen Grenzziehungen der neuen Reiche werden. Mehrsprachige Gebilde wie z.B. die Schweiz werden aufgelöst. Das heißt, die französische, italienische und deutsche Schweiz werden dem Königreich Frankreich, dem Königreich Italien und dem Deutschen Kaiserreich zugeschlagen. Ob allerdings Portugal mit Spanien verschmolzen wird, ist zurzeit pure Spekulation. Persönlich glaube ich, dass beide eigenständige Königreiche werden. Die Slawen bekommen ebenfalls ihr eigenes Großreich, an dessen Spitze wieder ein Zar stehen wird.

Warum die künftigen Grenzziehungen entlang ethnischer Linien erfolgen werden, hat einen einfachen Grund: Man hat aus den Fehlern der Vergangenheit gelernt. Fast alle Staaten (vor allem die afrikanischen), deren Grenzen seinerzeit von den Kolonialmächten mit dem Lineal gezogen wurden, zählen heute zu den sogenannten »failed states«. Diesen Fehler möchte man nicht wiederholen.

Und was geschieht mit den nach Deutschland Zugewanderten?

Nun, wenn man sich die geradezu apokalyptischen Zustände, die nach dem globalen Bankenkrach in Deutschland herrschen werden, vor Augen führt, dann werden Vertreibungen oder freiwillige Flucht von Zugewanderten wohl an der Tagesordnung sein. Und man darf schwer davon ausgehen, dass nach Hunger, Bürgerkrieg, Revolution, Russenüberfall und Dreitägiger Finsternis die Bevölkerung in Deutschland deutlich reduziert ist. Gemäß Irlmaier kommt es so schlimm, dass sich zwei Überlebende bei ihrer Begegnung fragen werden: »Mensch, wo hast du bloß überlebt?« Dieses Bild sagt eigentlich alles. Das heißt: Die obige Frage erübrigt sich eigentlich. Und wenn – wie es ja prophezeit ist – der künftige Deutsche Kaiser ein tiefgläubiger Katholik ist, dann wird er sowieso nicht nach Ethnien urteilen, sondern nach Werten. Selbstverständlich kann jeder integrierte oder integrationswillige Zuwanderer auch weiterhin im Deutschen Kaiserreich wohnen bleiben, sofern er die deutsche Staatsbürgerschaft, den römisch-katholischen Glauben und einen deutschen Namen annimmt. Aber da sich bis dahin jede Form von staatlicher Unterstützung in Luft aufgelöst haben wird, wird sich die Frage, ob dieser oder jener Zuwanderer in Deutschland bleiben kann, ausschließlich an der Frage ausrichten: Ist dieser Mensch kräftig genug, um auf dem Felde zu arbeiten?

Die europäische Prophetie sagt klar: In den neuen Monarchien wird es eine grundlegende moralische Erneuerung geben. Die göttliche Ordnung in Kirche, Staat und Familie wird vollständig wieder hergestellt. Die Monarchen werden unumschränkt herrschen und nur vor einem einzigen Menschen das Knie beugen: Dem Papst, dem Stellvertreter Gottes auf Erden.

Wie sollen wir uns das Leben nach dem großen Abräumen vorstellen? Nun, im Detail wissen wir das natürlich nicht, aber es wird gesagt, dass die Überlebenden wie Heilige sein werden.

Nun, es dürfte klar sein, dass es dann zunächst einmal weder Fernsehen noch Radio noch Internet noch Handy gibt. Landwirtschaft und Handwerk werden dominieren. Nach einiger Zeit wird sich dann bestimmt auch ein neuer Stand von Großgrundbesitzern herausbilden. Das sind dann diejenigen, die rechtzeitig genügend Edelmetalle angehäuft haben, um jetzt Land und leer stehende Gehöfte aufzukaufen. Auch das Handwerk wird wieder goldenen Boden haben. Und Menschen, die etwas reparieren können, werden sich über mangelnde Aufträge nicht beklagen können. Der allgemeine Tagesablauf wird wieder durch das Glockengeläut der Kirchen bestimmt werden, und der Priester wird im Dorf wieder jene Person mit dem höchsten Ansehen sein. Gewerkschaften wird es definitiv nicht mehr geben. Das unter uns Deutschen so beliebte In-der-Welt-herumreisen können wir auch vergessen. Zumindest in der Anfangszeit. Später liegt der deutsche Hermann natürlich wieder am »Ebrostrand«, wie es im »Lied der Linde« so schön heißt. Und wenn Sie sich aktuell über die vielen Tempo-30-Zonen in Deutschland aufregen, kann ich Sie beruhigen: Die Aufregung lohnt sich nicht. 30 km/h werden nach dem großen Abräumen wieder die Höchstgeschwindigkeit sein, weil Pferdekutschen nun mal nicht mehr hergeben. Altersrenten wird es nie wieder geben. Dafür kehrt der Kinderreichtum zurück. Das Leben in der ersten Zeit wird sicherlich sehr hart – keine Frage. Alte und Kranke werden nur geringe Überlebenschancen haben. Aber dafür wird Christus in die Mitte unseres Lebens zurückkehren. Er wird uns wieder Freude und Frieden schenken und uns bei all unserem Tun begleiten.

Weiter oben hatte ich ja gesagt, dass mit dem Zusammenbruch des Fiat Money Systems auch die westlichen Demokratien zusammenbrechen werden. Und da uns die großen europäischen Seher praktisch unisono eine Renaissance der Monarchien angekündigt haben, können wir praktisch zwingend mit der Wiedereinführung des **Goldstandards** rechnen.

Was ein Goldstandard im Detail bedeutet, möchte ich hier nicht erörtern, zumal es zu diesem Thema eine Reihe kompetenter Bücher gibt. Erwähnenswert ist allerdings eine Vision Marias, in der sie die Entwicklung des Goldpreises in den nächsten Jahren sah. Maria zufolge gibt es in den Jahren 2015 und 2016 keine markanten Ausschläge beim Gold, im Großen und Ganzen also eher eine Seitwärtstendenz, vielleicht mit leichter Steigung. Für das Jahr 2017 sah sie interessanterweise nichts. Für diese Lücke hat sie selbst keine Erklärung. Danach bricht Gold aus und wird im Jahre 2019 seinen Zenit erreichen. Auf meine Frage, wie hoch der Goldpreis steigen werde, sagte sie: »**Bestimmt auf das 25- bis 40fache des jetzigen Goldpreises.**« Und jetzt kommt's: Noch innerhalb des Jahres 2019 brach die Goldnotierung schlagartig ab!

Das könnte bedeuten, dass es im Jahre 2019 keine Währungen mehr gibt, in denen man den Wert des Goldes ausdrücken könnte. Das könnte aber auch bedeuten, dass der Goldhandel komplett ausgesetzt wird. Als sehr wahrscheinlich darf aber gelten, dass es mit der Implementierung der europäischen Monarchien ab 2023 auch wieder einen Goldstandard geben wird.

Irlmaier sagt, dass nach dem dritten Weltgeschehen eine lange und glückliche Zeit komme. Und wer diese Zeit erlebe, dürfe sich glücklich preisen. Man habe dann zwar sehr viel weniger Geld und Gesetze, aber dafür sei das Leben freier und besser.

Das Schicksal der Kirche

Vor ungefähr fünfzehn Jahren sagte mir mal ein recht weiser und weit vorausschauender Spanier: »Von Deutschland wird nur Bayern übrig bleiben und von der Kirche nur das Opus Dei.«

Nun, aus der Sicht der europäischen Prophetie muss man sagen: An beiden Einschätzungen ist etwas dran. Die Gegend südlich der Donau wird auf jeden Fall weniger heimgesucht als das Gebiet nördlich der Donau. Und was die Kirche betrifft, da weiß man ebenfalls, dass auf die Kirche außerordentlich harte Zeiten zukommen. Die Flucht des Papstes ist ja nur ein Highlight von vielen. Aber letztendlich geschehen diese Heimsuchungen nur zum Wohle der Kirche. Die Kirche wird geläutert wie zur Zeit Diokletians. Und zwar weil Gott es so will.

Nach grausamster Verfolgung durch Kommunisten und Heiden sagt Gott aber schließlich: »Stopp! Bis hier hin und nicht weiter.« Gott selbst wird eingreifen und die Feinde der Kirche vernichten. Daraufhin wird die inzwischen vollkommen geläuterte Kirche in einem solchen Glaubensglanz erstrahlen, dass viele Heiden wie magisch von ihr angezogen werden und Jesus Christus als den Sohn Gottes endlich anerkennen.

Bei solchen Prophezeiungen werden natürlich auch viele Katholiken stutzig. Kann ich verstehen. Denn viele Katholiken sind durch Relativismus und Modernismus inzwischen so weit nach links abgedriftet, dass sie gar nicht mehr wissen, was es heißt, katholisch zu sein.

Es gibt z.B. Kirchen in Deutschland – und da spreche ich aus Erfahrung –, in denen die Kirchgänger nach dem *Sanctus* und dem *Agnus Dei* gar nicht mehr knien. Ich weiß, in Bayern wäre so etwas unmöglich, aber nördlich von Bayern kommt das tatsächlich vor! Und zwar vielerorts. Ich habe es selbst gesehen.

Nichtsdestotrotz wird am Ende alles wieder gut: Nach dem großen Krieg wird die Kirche ihren verhängnisvollen Linkskurs endgültig aufgeben und auf den Platz, den Gott ihr vom Anbeginn der Welt an zugewiesen hat, zurückkehren.

Überlebensstrategien

Nicht alle Aspekte des dritten Weltgeschehens konnten in dieser kleinen Schrift berücksichtigt werden. Zu diesem Behufe empfehle ich Ihnen ausdrücklich die exzellenten Bücher von Stephan Berndt. Es ging mir primär auch nicht darum, ein neues Prophezeiungsbuch zu schreiben, sondern ausschließlich um den Abgleich von Marias Schauungen mit den Schauungen prominenter europäischer Seher.

Prophezeiungsbücher werden erfahrungsgemäß keine Bestseller, und auch von dieser kleinen Abhandlung werden sich aller Voraussicht nach höchstens 500 Exemplare verkaufen. Aber das macht nichts. Wenn sich aufgrund der obigen Zeilen auch nur hundert Menschen auf das Kommende besser vorbereiten, wäre sein Zweck ja schon erfüllt. Es bringt erfahrungsgemäß auch nur wenig, sich mit Freunden und Verwandten über diese Thematik auszutauschen. Sie werden wahrscheinlich kein Gehör finden. Die meisten Menschen sind »Lineardenker«. Wenn sie sich die Zukunft vorstellen, schreiben sie die Vergangenheit einfach linear weiter. Diese Menschen können sich einen Systemabbruch einfach nicht vorstellen. Es übersteigt ihren Horizont. Und trotzdem wird dieser Systemabbruch kommen. Ob exakt so, wie in dieser Abhandlung geschildert, weiß Gott allein. Fest steht nur, dass er kommt.

Und dass wir in dieser Umbruchzeit allein in Deutschland mit Millionen von Toten rechnen müssen, steht ebenfalls fest. Zusammengefasst können wir sagen, dass sich das Sterben in Deutschland in vier Etappen vollziehen wird:

- In der Zeit nach dem Systemcrash (Herbst 2019 bis Hochsommer 2022: Seuchen, Hunger, Kriminalität, Revolution)
- Während des Krieges (Hochsommer bis Spätherbst 2022: Bomben, C-Waffen, Überschwemmungen in Norddeutschland)

- Während der Dreitägigen Finsternis (Spätherbst 2022: kosmischer Staub)
- In den Wirren der Nachkriegszeit (ab Spätherbst 2022)

Die wichtigste Überlebensstrategie ist meiner Überzeugung nach, nicht mehr allzu viel Zeit zu verplempern. Wenn die Ereignisse erst in die Spitze gelaufen sind, werden Sie wohl kaum jemanden finden, der Ihnen noch Gold oder Silber verkauft – also legen Sie sich rechtzeitig ausreichende Mengen zu. Außerdem werden in der Endphase des Sozialismus unsere finanziellen Mittel zunehmend schrumpfen. Und irgendwann geht dann gar nichts mehr.

Sobald die Ereignisse Fahrt aufnehmen, werden marodierende Banden von Haus zu Haus ziehen und mit Metalldetektoren nach Edelmetallen suchen. Deshalb sollten Sie sich vorher etwas Schlaues einfallen lassen. Sie könnten in Ihrem Garten z.B. ein zwei Meter tiefes Loch graben, ein ebenso langes Kunststoffrohr hineinlassen und die Gold- und Silbermünzen hineinwerfen. Das Rohr sollte natürlich oben und unten verschließbar sein, damit kein Grundwasser eindringen kann. Anschließend oben Erde drauf und das Ganze bepflanzen. Fertig. Moderne Metalldetektoren haben eine Ortungstiefe von maximal 40 Zentimetern. Zwanzig bis dreißig Zentimeter sind aber eigentlich die Regel. Es hängt allerdings auch von der Größe der Fläche ab, die der Gegenstand dem Detektor zeigt. Eine hochkant liegende Münze kann nicht so tief geortet werden wie eine flachliegende.

Empfehlenswert wäre es auch, rechtzeitig in dünn besiedelte Gebiete umzuziehen. Am besten auf einen Bauernhof südlich der Donau. Denn wenn der Russe kommt und Panik ausbricht, können Großstädte schnell zur Todesfalle werden. Wenn Sie sich einen Bauernhof leisten können, brauchen Sie auch Personal. Feldarbeiter aus Polen und Tschechien haben sich bewährt. Es können aber auch Chinesen sein. Die sind bekanntlich sehr fleißig.

Auf jeden Fall sollten Sie über Solarenergie verfügen und immer ausreichend Zugang zu Wasser haben. Und wenn Sie Vorräte für mehrere Monate im Keller bunkern, sollten Sie sich rechtzeitig überlegen, wie Sie die bewachen wollen. Mit plündernden Horden – vor allem aus den Großstädten – dürfen Sie nämlich fest rechnen. Ausreichend Wachpersonal finden Sie genug. Sobald das System zusammengebrochen ist, können Sie Ihr Anwesen von zehn gut ausgebildeten und schwer bewaffneten Polizisten Tag und Nacht bewachen lassen. Die werden diese Aufgabe gern übernehmen – vorausgesetzt Sie können sie bezahlen. Wenn Sie denen und deren Familien zwei warme Mahlzeiten am Tag bieten können, sind Sie der King. Über irgendwelche juristischen Konsequenzen brauchen Sie sich nicht den Kopf zerbrechen. Gemäß Irlmaier herrscht während dieser Zeit ohnehin das Faustrecht.

Alles Weitere finden Sie im »*Lexikon des Überlebens*« von Karl Leopold von Lichtenfels sowie in Büchern, die sich speziell mit Überlebenstechniken befassen. Einfach mal bei Amazon googeln.

Und noch etwas: Für das, was kommt, werden Sie sehr viel Kraft brauchen. Das ist Ihnen doch wohl klar, oder? Fangen Sie deshalb jetzt schon mit dem Krafttanken an. Stärken Sie sich regelmäßig mit dem Besuch der heiligen Messe und der heiligen Kommunion. Beten Sie regelmäßig und oft – nicht nur zum Herrn, sondern auch zur Muttergottes. Die hilft bekanntlich immer. Vielleicht möchten Sie sich in Ihrer künftigen Fluchtburg auch einen kleinen Marienaltar einrichten? Falsch wäre das nicht.

»*Das Kreuz kommt wieder in Ehren*«, sagt Irlmaier. Vergessen Sie das nicht!

Und zum Schluss wünsche ich Ihnen: Kommen Sie gut durch! Meinen Segen haben Sie. Und den von Maria auch!

Fronleichnam, 4. Juni 2015